ÉTABLISSEMENTS
FÉLIX HUBIN
à GOURNAY (près Harfleur)
à ROUELLES et au HAVRE

REMISE
D'UN
OBJET D'ART COMMÉMORATIF
OFFERT
PAR LE PERSONNEL DES ÉTABLISSEMENTS
à M. Félix Hubin
En souvenir de l'Exposition Universelle de 1889,
à Paris

RENDU COMPTE

PARIS
IMPRIMERIE ET LIBRAIRIE CENTRALES DES CHEMINS DE FER
IMPRIMERIE CHAIX
SOCIÉTÉ ANONYME AU CAPITAL DE SIX MILLIONS
Rue Bergère, 20
1889

ÉTABLISSEMENTS
FÉLIX HUBIN
à GOURNAY (près Harfleur)
à ROUELLES et au HAVRE

REMISE

D'UN

OBJET D'ART COMMÉMORATIF

OFFERT

PAR LE PERSONNEL DES ÉTABLISSEMENTS

à M. Félix Hubin

*En souvenir de l'Exposition Universelle de 1889,
à Paris*

RENDU COMPTE

PARIS
IMPRIMERIE ET LIBRAIRIE CENTRALES DES CHEMINS DE FER
IMPRIMERIE CHAIX
SOCIÉTÉ ANONYME AU CAPITAL DE SIX MILLIONS
Rue Bergère, 20
1889

RENDU COMPTE

ÉTABLISSEMENTS
FÉLIX HUBIN
à GOURNAY (près Harfleur)
à ROUELLES et au HAVRE

RÉCOMPENSES
obtenues à l'Exposition Universelle de 1889, à Paris

GROUPE V. — CLASSE 41.	ÉCONOMIE SOCIALE.
Produits de l'exploitation des Mines et de la Métallurgie.	SECTION XI.
MÉDAILLE D'OR	MÉDAILLE D'ARGENT

REMISE

D'UN

OBJET D'ART COMMÉMORATIF

OFFERT

PAR LE PERSONNEL DES ÉTABLISSEMENTS

A M. FÉLIX HUBIN

La remise de cet objet d'art, un bronze de Gaudez,

Le Ferronnier XVIe siècle,

a été faite, le 13 octobre 1889, chez M. HUBIN, à Gournay, par une délégation du personnel qui se composait des ouvriers dont les noms suivent :

 MM. Alfred AMBOURG.
   Anthime BAUCHER.
   Paul BAYEUX.
   Louis BREDEL.
   Hippolyte CAMPION.
   Joseph CHANLIAU.
   Narcisse DANIEL.
   Gustave DELAHALLE.
   Jean-Baptiste DURIEU.
   Prosper GOUBERT.
   Médéric GRANDIN.
   Joseph YGER.
   Jules LECANU.
   Henri LEMARCHAND.
   Clovis LEMERGER.
   Lucien LEPRESTRE.
   Georges LORILLU.
   Albert LESAUVAGE.
   Pierre LUCAS.
   Médéric MABILLE.
   Saturnin RENAUD.
   Henri REVET.
   Édouard VIMBERT.

Au nom de tous leurs camarades, M. Louis Bredel, le plus ancien des ouvriers de l'Usine de Gournay, a présenté l'objet d'art à

M. Hubin, et M. Durieu a pris la parole en ces termes :

« Monsieur Hubin,

» Au nom du personnel de vos établissements métallurgiques de Gournay, de Rouelles et du Havre, qui nous ont fait l'insigne honneur de les représenter,

» Nous venons, d'un côté, vous exprimer notre grande satisfaction des récompenses qui vous ont été décernées, cette année, à l'Exposition universelle de Paris, récompenses bien gagnées par vous, Monsieur, et qui ne répondent pas à vos mérites.

» D'un autre côté, nous venons vous adresser nos sincères remerciements, vous exprimer notre vive gratitude de la grande et ineffable bonté que vous avez eue de nous procurer le plaisir de visiter cette Exposition tant vantée, de voir cette tour Eiffel, tous ces palais, toutes ces galeries, en un mot toutes ces merveilles du génie de l'homme qui ont fait l'admiration de tous les visiteurs qui ont afflué à Paris, en cette année : non seulement des visiteurs français, mais même des visiteurs étrangers.

» Et comme souvenir, en cette occasion, nous venons vous offrir ce modeste objet d'art, des mains du plus ancien de vos ouvriers de Gournay, du vétéran des usines d'Harfleur, auquel le Gouvernement vient de décerner une récompense honorifique, grâce à votre intervention.

» Vous êtes, Monsieur, la providence de toutes nos familles, la vie de toute la vallée. Aussi, formons-nous des vœux ardents, des vœux sincères pour la prospérité et pour l'extension de votre commerce, pour l'agrandissement de vos établissements, pour votre fortune, pour votre bonheur, pour votre santé et celle de toute votre famille, comme aussi pour celle de toutes les personnes qui vous sont chères.

» Et c'est du fond du cœur que nous laissons échapper le cri de :

» **Vive Monsieur Hubin!** »

M. HUBIN a répondu ce qui suit :

« MESSIEURS
ET CHERS COLLABORATEURS,

» Je suis extrêmement touché et reconnaissant de votre démarche et des sentiments de grande sympathie si bien exprimés par votre camarade DURIEU, au nom de tout le personnel de mes établissements de Gournay, de Rouelles et du Havre.

» J'en suis très touché, dis-je, j'ajouterai que j'en suis fier, et que cela est pour moi la plus précieuse des récompenses.

» Élevé au milieu de vous dans ce pays de Gournay, je n'ai pas oublié que, en toutes circonstances, dans les jours de joie, dans les jours de deuil, vous avez donné à ma famille des témoignages constants de grande sympathie, je dirai plus, de véritable affection.

» Depuis que je suis arrivé aux affaires, en m'efforçant d'assurer à nos établissements un travail soutenu, en essayant de faire parfois un peu de bien autour de moi, je n'ai fait que suivre la tradition dans laquelle j'ai été élevé par mon vénéré père, le créateur, le premier ouvrier de nos établissements, par ma vénérée mère, qui a laissé de bien précieux exemples à moi et à ma jeune famille.

» Vous voulez bien former des vœux de bonheur et de prospérité pour moi et les miens, soyez assurés que, de mon côté, je porte le plus grand intérêt à vous tous, à vos familles, et que je forme les mêmes vœux à votre égard.

» Ceci dit, parlons un peu de votre récent voyage à Paris. Lorsque j'ai vu s'élever cette magnifique Exposition du Champ de Mars qui fait, comme vous le dites, l'admiration de tous, j'ai eu le grand désir de vous la faire voir et de vous faire visiter le groupe de nos métaux exposés. Ce désir a pu se réaliser. Je vous ai suivis de la pensée pendant les différentes phases de votre voyage. Vous y avez trouvé plaisir, me dites-vous; eh bien, soyez assurés que tel plaisir que vous y ayez trouvé, vous n'avez pas pu être plus contents que je ne l'ai été ce jour-là. J'étais vraiment heureux d'avoir réussi à donner à vos travaux assidus une journée de délassement et une aussi belle distraction.

» Vous venez me remercier aujourd'hui, me féliciter des deux médailles obtenues et, en témoignage, vous avez l'attention touchante de vouloir en perpétuer le souvenir en m'offrant un très beau bronze.

» Ce bronze qui personnifie le travail et, qui plus est, notre travail, le travail du métal, ne pouvait être mieux choisi. Je le conserverai à la vue de tous, à une place d'honneur, chez moi, ici même. Je vous remercie; veuillez remercier pour moi tout le personnel des établissements que vous représentez aujourd'hui.

» J'ai maintenant à vous parler d'une autre chose. Grâce à des amis puissants, j'ai réussi à obtenir du Ministre du Commerce et de l'Industrie, pour votre camarade Louis Bredel, le vétéran de l'usine de Gournay, une médaille d'honneur hautement méritée par ses très anciens et très dévoués services.

» Je serai bien heureux de lui en remettre les insignes dans un instant.

» Cette distinction vous honore tous. Tous vous êtes des hommes de travail. C'est, avec l'aide de Dieu, au travail que l'humanité doit tout. C'est au travail que nous devons les grandes œuvres de la vie moderne, la splendide Exposition de 1889. C'est le travail qui fait les nations puissantes et prospères, aussi dirai-je pour terminer :

> » **Honneur au travail!**
>
> » **Honneur aux travailleurs!** »

Ces paroles prononcées, M. Hubin a remis à Louis Bredel les insignes de la Médaille d'Honneur.

On s'est ensuite séparé après avoir porté plusieurs toasts à la santé et à la prospérité de tous.

Gournay, 13 octobre 1889.

www.ingramcontent.com/pod-product-compliance
Lightning Source LLC
Chambersburg PA
CBHW071449060426
42450CB00009BA/2344